BEI GRIN MACHT SICH IH
WISSEN BEZAHLT

- Wir veröffentlichen Ihre Hausarbeit,
  Bachelor- und Masterarbeit

- Ihr eigenes eBook und Buch -
  weltweit in allen wichtigen Shops

- Verdienen Sie an jedem Verkauf

Jetzt bei www.GRIN.com hochladen
und kostenlos publizieren

Claas Michelsen

Marktübersicht und Leistungskomponenten von Online-Shops

GRIN Verlag

Bibliografische Information der Deutschen Nationalbibliothek:

Die Deutsche Bibliothek verzeichnet diese Publikation in der Deutschen National-
bibliografie; detaillierte bibliografische Daten sind im Internet über http://dnb.d-
nb.de/ abrufbar.

Impressum:

Copyright © 2010 GRIN Verlag GmbH
Druck und Bindung: Books on Demand GmbH, Norderstedt Germany
ISBN: 978-3-640-89583-0

Dieses Buch bei GRIN:

http://www.grin.com/de/e-book/170552/marktuebersicht-und-leistungskomponen-
ten-von-online-shops

GRIN - Your knowledge has value

Der GRIN Verlag publiziert seit 1998 wissenschaftliche Arbeiten von Studenten, Hochschullehrern und anderen Akademikern als eBook und gedrucktes Buch. Die Verlagswebsite www.grin.com ist die ideale Plattform zur Veröffentlichung von Hausarbeiten, Abschlussarbeiten, wissenschaftlichen Aufsätzen, Dissertationen und Fachbüchern.

Besuchen Sie uns im Internet:

http://www.grin.com/

http://www.facebook.com/grincom

http://www.twitter.com/grin_com

Claas Michelsen

**Assignment im Rahmen des Moduls WEB04 –
Fallstudie Online-Shop**

Thema:

**Marktübersicht und Leistungskomponenten von
Online-Shops**

Hamburg, den 18.09.2010

Inhaltsverzeichnis   **Seite**

Tabellenverzeichnis   **III**

Tabellenverzeichnis

1. Einleitung

Der elektronische Handel, insbesondere der direkte Absatz an den Endverbraucher über das Internet, hat einen festen Platz bei Anbietern und Konsumenten eingenommen. Im Jahr 2009 haben 62 Prozent der deutschen Wohnbevölkerung zwischen 14 und 69 Jahren kostenpflichtige Waren, Dienstleistungen oder Serviceangebote im Internet wahrgenommen bzw. bestellt.[1]

Im Rahmen des Moduls WEB04 (Fallstudie Online-Shop) wird diese Thematik aufgegriffen. Von den Studierenden ist ein entsprechendes Assignment zu erstellen. Der Verfasser der vorliegenden Arbeit hat das Thema „Marktübersicht und Leistungskomponenten von Online-Shops" gewählt.

Die Arbeit gliedert sich in vier Kapitel. Nach der Einleitung werden im zweiten Kapitel zunächst wichtige Begriffe definiert. Im dritten Kapitel werden dann ausgewählte Anbieter von Online-Shops aufgelistet sowie die Vor- und Nachteile der verschiedenen Shop-Varianten genannt. In Kapitel 4 werden wesentliche Funktionen, Dienstleistungen und Vergütungsmodelle von Online-Shops dargestellt und im fünften Kapitel dann versucht, Marktsegmente der Anbieter von Online-Shops zu definieren.

Die Arbeit schließt mit einem Fazit inklusive einer Handlungsempfehlung.

---

[1] Quelle: ACTA - Allensbacher Computer- und Technikanalyse, Institut für Demoskopie Allensbach, Allensbach 2009.

2. Begriffsdefinition

2.1 Electronic Shopping

Das Internet kann als Absatzkanal sowohl zum direkten als auch zum indirekten Vertrieb von Waren oder Dienstleistungen eingesetzt werden. Auch der Handel kann, mittels weiterer Handelsstufen, seinen Vertrieb letztlich direkt oder indirekt über das Internet abwickeln. Electronic Shopping ist der Oberbegriff für alle Applikationen des elektronischen Handels, die auf den direkten Verkauf von Waren und Dienstleistungen an den Endverbraucher gerichtet sind und diesen elektronisch unterstützen. Durch das Electronic Shopping sollen Zeit- und Raumgrenzen beim Einkauf von Produkten und anderer Leistungen aufgehoben werden.[2]

2.2 Online Shopping

Mit Online Shopping wird der Verkauf von Produkten und Dienstleistungen über das Internet bezeichnet. Im Internet existieren eine Reihe kommerzieller Anbieter, die über das Bereitstellen einer Internetverbindung das Online Shopping ermöglichen, beispielsweise T-Online. Voraussetzung für das Online Shopping sind ein internetfähiges Gerät (PC, Mobiltelefon), eine entsprechende Software sowie der Zugang zum Internet bzw. den Servern, auf denen sich die Software mit den Produktangeboten befindet.[3]

---

[2] Vgl.: Olbrich, Rainer: Marketing - Eine Einführung in die marktorientierte Unternehmensführung, 2. Auflage. Berlin/Heidelberg 2006, Seite 270.

[3] Vgl.: Olbrich, Rainer: Marketing - Eine Einführung in die marktorientierte Unternehmensführung, 2. Auflage. Berlin/Heidelberg 2006, Seite 271.

3. Überblick über ausgewählte Marktanbieter

3.1 Mietshops

Bei einem Mietshop wird die gesamte technische Infrastruktur vom Anbieter bereit gestellt. Mietshops eignen sich daher vor allem für einen schnellen und preiswerten Einstieg in den Online-Handel. Weitere Vorteile von Mietshops sind die einfache Administration und Erweiterbarkeit sowie die nicht vorhandene Notwendigkeit von Programmierkenntnissen. Nachteilig sind die laufenden Monatlichen Kosten, die fehlende Schnittstelle zu Warenwirtschaftssystemen und das häufig nur eingeschränkt individualisierbare Layout.[4]

Mietshop	Webseite
1blu eShop	www.1blu.de
1&1 eShop	www.1und1.de
Cosmo Shop	www.cosmoshop.de
Mallux	www.mallux.de
Shop-Systems	www.shop-systems.biz
Strato Shop	www.strato.de
xanario	www.xanario.de

Tabelle 1: Marktübersicht über Mietshop-Systeme (Auswahl)[5]

3.2 Kaufshops

Bei einem Kaufshop wird die Shop-Software nicht angemietet sondern komplett gekauft. Diese Variante ist auch für Neueinsteiger geeignet, beinhaltet jedoch relativ hohe Anfangsinvestitionen und ggf. Kosten für Upgrades. Vorteilhaft ist bei Kaufshops, dass diese mit geringen Programmierkenntnissen aufgesetzt werden können, die Administration offline erfolgen kann und, ähnlich wie bei den Mietshops, die einfache Bedienung und Administration.[6]

Kaufshop	Webseite
Caupo Shop	www.caupo.net
Data Becker	www.databecker.de
OXID eShop	www.oxid-esales.com/de
Mondo Shop	www.mondo-media.de
ShopFactory	www.shopfactory.de
ShopPilot	www.shoppilot.de
Shop Weezle	www.shopweezle.de
ShopXS	www.shopxs.de
Smartstore	www.smartstore.de
Sage GS Shop	www.sage.de

Tabelle 2: Marktübersicht Kaufshop-Systeme (Auswahl)[7]

---

[4] Vgl.: Angeli, Susanne; Kundler, Wolfgang: Der Online Shop - Handbuch für Existenzgründer. München 2006, S. 287, 290.

[5] Vgl.: Angeli, Susanne; Kundler, Wolfgang: Der Online Shop - Handbuch für Existenzgründer. München 2006, S. 288.

[6] Vgl.: Angeli, Susanne; Kundler, Wolfgang: Der Online Shop - Handbuch für Existenzgründer. München 2006, S. 291.

[7] Vgl.: Angeli, Susanne; Kundler, Wolfgang: Der Online Shop - Handbuch für Existenzgründer. München 2006, S. 290, 291.

3.3 OpenSource-Lösungen

Sofern eine gewisse Software-Expertise vorhanden ist, so eignen sich auch OpenSource-Lösungen für das Betreiben von Online-Shops. Die Shop-Software steht in der Regel kostenfrei zur Verfügung, die Lösungen sind flexibel Anpassbar und auch das Layout kann auf die eigenen Bedürfnisse zugeschnitten werden. Nachteilig sind der hohe Zeitaufwand beim Aufsetzen des Shops, die notwendigen Programmierkenntnisse sowie die schwierige Beschaffung von Erweiterungen.[8]

OpenSource-Lösungen	Webseite
Commerce.CGI	www.commerce-cgi.com
InterChange	www.icdevgroup.org
osCommerce	www.oscommerce.de
PgMarket	www.sourceforge.net
PhPay	phpay.sourcefroge.net
phpShop	www.phpshop.org
VirtueMart	www.mambo-phpshop.net
xt:Commerce	www.xtcommerce.de
ZenCart	www.zencart.com

Tabelle 3: Marktübersicht OpenSource-Systeme (Auswahl)[9]

3.4 Shopping Malls

Bei der Teilnahme an einer Shopping Mall beteiligt sich der Shop-Betreiber an einem B2C-Marktplatz. Hier können verschiedenen Händler unter einem gemeinsamen Dach ihre Waren und Dienstleistungen anbieten. Shopping Malls können als Ergänzung zum ursprünglichen Online-Shop, aber auch als alleinige Möglichkeit des Online-Handels genutzt werden. Prominente Beispiele für Shopping Malls sind Amazon, eVita oder die Online-Shops auf Ebay.[10]

Da es sich bei den Shopping Malls um Sonderformen bzw. in der Regel um Ergänzungen „klassischer" Online-Shops handelt, wird im Rahmen dieser Arbeit nicht weiter auf das Thema eingegangen.

Eine Gesamtliste mit aktuell verfügbaren Anbietern von Online-Shops befindet sich im Anhang.

---

[8] Vgl.: Angeli, Susanne; Kundler, Wolfgang: Der Online Shop - Handbuch für Existenzgründer. München 2006, S. 290, 293.

[9] Vgl.: Angeli, Susanne; Kundler, Wolfgang: Der Online Shop - Handbuch für Existenzgründer. München 2006, S. 292.

[10] Vgl.: Angeli, Susanne; Kundler, Wolfgang: Der Online Shop - Handbuch für Existenzgründer. München 2006, S. 286.

4. Wesentliche Funktionen, Dienstleistungen und Vergütungsmodelle von Online-Shops

4.1 Wesentliche Funktionen

Die wesentlichen Funktionen von Online-Shops können in zwei Bereiche unterteilt werden: Funktionen für den Kunden und Funktionen der internen Verwaltung.

4.1.1 Funktionen für den Kunden

Dem Kunden stehen im Wesentlichen ein Katalog mit Suchfunktion, ein Bestell- und Warenkorbsystem sowie ein Kundenkonto mit der Möglichkeit Bestellungen und deren Status einzusehen zur Verfügung. In diesem Kundenkonto hinterlegt der Kunde Versand- und Kontaktdaten sowie Log-In-Informationen wie den Benutzernamen und das Passwort.[11]

4.1.2 Funktionen für die interne Verwaltung

Wesentliche Funktionen für die interne Verwaltung durch den Shop-Betreiber oder Administrator sind das Anlegen neuer Artikel, die Berechnung der Versandkosten, die Artikelverwaltung, Möglichkeiten zur Bearbeitung von Bestellungen und Anzeige des Bestellstatus, das Verwalten der Zahlungssysteme inkl. der Überwachung von Zahlungseingängen sowie Statistikfunktionen, die Auskünfte über das Verhalten der Käufer geben können.[12]

4.2 Wesentliche Dienstleistungen

Die unterschiedlichen Dienstleistungsangebote rund um den Online-Shop betreffen im Wesentlichen die Phase bis zur „Eröffnung" des Online-Shops, beispielsweise

- Erstellen eines individuellen Layouts
- Import von Daten aus Fremdsystemen
- Suchmaschinen-Optimierung
- PHP-Programmierung, Skriptanpassungen etc.[13]

Darüber hinaus kann der Shop-Anbieter Wartungsarbeiten im laufenden Betrieb übernehmen, eine Service-Hotline anbieten etc.

4.3 Preis- und Vergütungsmodelle

Die Preis- und Vergütungsmodelle variieren nach Art des Shops und nach Anbietern. Beim Kaufshop fällt in der Regel nur eine einmalige Gebühr an, ggf. Gebühren für Upgrades. Mietshops werden beispielsweise nach Anzahl der Produkte, Bandbreite, Traffic und/oder Webspace berechnet. OpenSource-Lösungen sind in der Regel niedrigpreisig oder kostenfrei, hier ist jedoch fundiertes Fachwissen notwendig, das ggf. eingekauft werden muss.[14]

---

[11] Vgl.: Kannengiesser, Caroline und Matthias: PHP[5] und MySQL[5] - Master Edition. Poing 2007, S. 783.

[12] Vgl.: Kannengiesser, Caroline und Matthias: PHP[5] und MySQL[5] - Master Edition. Poing 2007, S. 782.

[13] Vgl.: http://www.shopxs.de/index.htm, Abruf am 18.09.10, 16:10 Uhr.

[14] Vgl.: Angeli, Susanne; Kundler, Wolfgang: Der Online Shop - Handbuch für Existenzgründer. München 2006, S. 288 ff.

5. Marktsegmente

5.1 Standard- vs. Individualsoftware

In der vom Autor gesichteten Literatur und entsprechenden Internet-Quellen wird nicht eindeutig beschrieben, ob der Software-Markt für Online-Shops als Standardsoftware Geschäft bezeichnet werden kann. Das Ergebnis ist vielmehr von der weiteren Einschränkung der Fragestellung abhängig. Misst man den Markt am Umsatz- bzw. Handelsvolumen, so liegt der Schluss nahe, dass es sich um einen Markt für Individualsoftware handelt, da wenige große Online-Shops, betrieben mit Individualsoftware, den größten Teil der Umsätze und Handelsvolumina auf sich vereinen. Untersucht man hingegen den Markt anhand der Anzahl der einzelnen Shops, so ist dieser als Markt für Standardsoftware zu beurteilen, da sich neben den wenigen großen Online-Shops, eine Vielzahl kleiner Anbieter im Markt tummeln, die zum größten Teil mit Standardsoftware arbeiten.

Diese These des Autors kann durch unterschiedliche Studienergebnisse gestützt werden. So stellte die Gesellschaft für Konsumforschung (GfK) bereits im Jahr 2006 fest, dass sich trotz einer unüberschaubaren Vielzahl von Anbietern bestimmte Top-Web-Anbieter herauskristallisieren: Die Online-Shops von Amazon, Ebay, Neckermann, Otto-Versand, Quelle und Tchibo dominieren als Universalanbieter den Non-Food-Markt im Internet mit einem Anteil von knapp zwei Dritteln.[15]

5.2 Marktsegmente

Unter den gleichen Aspekten, die bei der Frage nach dem Markt für Standardsoftware relevant gewesen sind, kann auch die Frage beantwortet werden, welche Marktsegmente mit den verschiedenen Softwarelösungen angesprochen werden.

So werden Neueinsteiger in den Online-Handel und kleinere Anbieter vermehrt von Anbietern mit Standardsoftware angesprochen, während größere Unternehmen mit hohen Marktanteilen Zielkunden für Anbieter von individuellen Lösungen sind.

---

[15] Vgl.: GfK-WebScope-Panel zum Kaufverhalten der Deutschen im Internet, Gesellschaft für Konsumforschung. Nürnberg, 2006.

6. Fazit

Der Online-Handel ist in den vergangen Jahren rasant gewachsen und vieles deutet darauf hin, dass sich dieses Wachstum auch in den nächsten Jahren fortsetzen wird. Online-Shops werden nicht nur von den großen Playern am Markt betrieben, es findet sich vielmehr für fast jedes erdenkliche Nischenprodukt ein Online-Shop.

Während die Marktführer ihre Online-Shops mit Individualsoftware betreiben und diese in der Regel an eine Warenwirtschaftssystem angebunden sind, haben auch kleinere Anbieter die Möglichkeit über den Kauf oder die Anmietung von Standardsoftware in den Online-Handel einzusteigen.

Aus den unterschiedlichen Vergütungsmodellen der Software-Anbieter lassen sich einige Empfehlungen für Neueinsteiger ableiten: Wer vor allem im Internet präsent sein möchte und wenige Produkte, ggf. in Ergänzung zu einem Ladengeschäft, anbieten möchte, dem ist ein Mietshop zu empfehlen. Dieser kann mit einer niedrigen monatlichen Gebühr ohne größeren Verwaltungsaufwand und mit eigener Domäne betrieben werden. Auch die Teilnahme an einer sogenannten Shopping Mall kann ergänzend, aber auch als alleinige Lösung sinnvoll sein.

Für kleinere Anbieter, die eine Vielzahl von Produkten anbieten möchten, kann es sinnvoll sein, eine Standardsoftware zu kaufen. Hier sind die Anfangsinvestitionen zwar höher, die fortlaufenden Kosten reduzieren sich aber auf ein Minimum und die Gestaltungs- und Anpassungsmöglichkeiten sind größer, als beim Mietshop. Shop-Betreiber, die über Programmierkenntnisse verfügen, können auch auf eine OpenSource-Lösung zurückgreifen. Hier ist der anfängliche Programmieraufwand zwar hoch, es fallen aber in der Regel keine Kauf- oder Mietkosten an.

Für größere Anbieter ist in der Regel die Anschaffung von Individualsoftware ratsam, insbesondere, wenn der Online-Markt das Hauptgeschäft darstellt. Die hohen Investitionen sind sinnvoll, da sich wertschöpfungsintensive Prozesse, die meist die Kernkompetenzen der Anbieter darstellen, nicht mit einer Standard-Lösung abbilden lassen.

Anhang

Nr	Anbieter	WebShop Produkt	URL	Beschreibung	Preis
1	1&1 Internet AG	1 & 1 E-Shops	www.1und1.de	Onlineshops zur Miete verschiedene Varianten	ab €14,34 im Monat
2	absofort Erfolg im Internet GmbH & Co KG	aconon® Shop	www.aconon.de	OnlineShop mit unbegrenzter Artikel und Kategorienanzahl, Cross-Selling, Angebotssteuerung, Variantenartikel, eigene Partnerprogramme, Staffelpreise, Kundenverwaltung, Online-Clearing und Statistik	ab € 800,-
3	A Eins I.T GmbH	21st Mall	www.aeins.de	Fullservice-E-Commerce Konzept speziell für den IT-Fachhandel	
4	apt-webservice GbR	apt-webshop-system	www.apt-ebusiness.com	Online Shop zur Miete mit verschiedenen Lizenzmodellen oder Online Shop Software Kauflizenz	ab €29,99 / mtl. Miete oder €899,99 für die Kauf-Lizenz
5	artnology GmbH	Software-Entwicklung	www.artnology.com	Individuelle eShop Entwicklung	
6	Bigware LTD	Bigware Shop 2.0	www.shopto.de	Open Source Online Shop auf oscommerce Basis	Kostenlos
7	Bluro GbR	Ajax Onlineshop	www.serverspot.de	Mietshop, suchmaschinenoptimiert, Drag n' Drop Funktion, Twitter-Facebook-Anbindung, komplett veränderbar/gestaltbar	ab € 14,99 im Monat
8	CANCOM Media Solutions GmbH	ff-eShop	www.sendamiac.de	ff-eShop ist eine Erweiterung von ff-eCommerce, als B2B- oder B2C-Shop. Alle Anfragen und Bestellungen werden in ff-eCommerce gespeichert und verarbeitet. Medienbrüche und Datentransfers sind daher kein Thema	
9	CATMEDIA e-business solutions	COMMERZO	shop.catmedia.de		ab € 0,- für Existenzgründer bis € 1.998,- für ein Marktplatzsystem
10	Caupo.Net Internet-Service GmbH	CaupoShop Classic	www.caupo.net	Leistungsfähige Onlineshop Software für den eCommerce Einsteiger und den professionellen Online Handel.	ab € 290,-
11	CYBERLINE GmbH	cybershop	www.cybershop.de	Mietshop-Lösung	ab € 69,- mtl. zzgl. Einrichtung € 99,-
12	CyberTech Informationssysteme GmbH	my-eshop.de	www.my-eshop.de	Mietshop schneller Einstieg und kinderleichte Bedienung	€ 0,- mtl. mit Werbung oder ab € 49,- ohne Werbung zzgl. Einrichtung € 99,-
13	CYTEK Systems	E-Shop storedit	www.cytek.de	eShop mit strikter Trennung von Layout und Inhalt, Warengruppen mit Untergruppen frei wählbar.	€ 199,-
14	DATA BECKER GmbH & Co. KG	Mein eigener Online-Shop	www.databecker.de	Einstieg in die Selbstständigkeit mit einem eigenen Online Shop ohne große Anfangsinvestitionen. Neu ist die Kooperation mit dem Hosting Provider 1blu	€ 49,95

15	DATA BECKER GmbH & Co. KG	shop to date 6.0 pro	www.shop-2-date.de	Onlineshop Software für Einsteiger und Profis: Keinerlei HTML-Kenntnisse erforderlich, viele branchenspezifische Vorlagen, Bestandsdaten in Echtzeit pflegen, Online-Bestellverwaltung über den Browser, kundenspezifische Rabatte, Bonitätsstufen und Zahlarten.	ab €479,-
16	DaVinci Technology GmbH	Web Business Shop 2.2	www.davinci-shop.de	Online Shop mit umfangreichen Funktionen.	ab € 459,-
17	Demandware GmbH	Demandware eCommerce Plattform	www.demandware.de	Das Demandware ON DEMAND Modell bietet einen Time-to-Market Vorteil um neue Sites und Brands Online zu bringen.	Projektabhängig
18	domainpublisher	proDESIGN 3.4 Shopsystem	www.domainpublisher.de	Komplettes Onlineshop Software-Paket inkl. Module für Preisvergleicher, paypal, eigener Lagerverwaltung, Rabattsystem, Newsletterversand mit Gutscheinen	€ 279,-
19	ecodoo business development	ecotwo	www.ecodoo.com	Online Shopsystem mit Google suchmaschinenfreundlichen Links.	€ 499,-
20	ePages Software GmbH	ePages 6 Merchant	www.epages.de	Die Onlineshop Software Merchant-Linie von ePages ermöglicht den professionellen Einstieg in das E-Business und ist modular erweiterbar.	ab € 1.998,-
21	Eletronic Sales	es.shop	www.electronicsales.de	Der Focus von es.Shop liegt auf der IT-Branche, unterstützt die komplette Handelskette vom Lieferanten bis zum Endkunden. Neu in der Version 3.1 ist eine universelle Warenwirtschafts-Schnittstelle.	ab € 99,- im Monat
22	eSystems Productions GmbH	SHOPMAKER	www.esystems.ch	Bewährte und belastbare original SWISS MADE Onlineshop Software.	CHF 5.500,-
23	euroSolutions GmbH	intelliShop eCommerce Suite	www.eurosolutions-gmbh.de	Die IntelliShop eCommerce Lösung ist vollständig individualisierbar und damit nahtlos in bestehende Prozesse (z.B. SAP) integrierbar.	ab € 4.980,-
24	e-vendo AG	e-vendo™ -Onlineshop	www.e-vendo.de	Grosse e-vendo Produktfamilie.	ab € 1.448,40
25	eXpeedo	shopdriver starter	www.shopdriver.de	Einsteigerpaket für alle, die klein anfangen wollen und dabei direkt auf eine Lösung setzen wollen, die zukünftigen Anforderungen gewachsen ist.	ab € 49,- mtl. zzgl. Einrichtung € 99,-

V

26	FABIS IT-Systems GmbH	ISBB	www.fabis.de	InternetShop mit B2B Funktionalität.	
27	Fast Internet Factory e.K.	com4shop	www.com4shop.de	Ausstattung und Features je nach Paket	ab € 690,- oder € 12,- mtl.
28	FWP Systems GmbH	FWP shop	www.fwpshop.org	Der FWP Shop ist eine vielseitige, suchmaschinenfreundliche OpenSource Online Shop Lösung.	kostenlos
29	Gambio OHG	Gambio GX Shop	www.gambio.de	Online Shop Lösung auf xtCommerce Basis.	€ 149,-
30	Glarotech GmbH	PhPepperShop 2.0	www.phpeppershop.com		€ 165,-
31	Glarotech GmbH	PhPepperShop 1.3	www.phpeppershop.com		Freeware
32	GrelleMedia-shopsoftware cc	MG Shopsoftware	www.shopsoftware.cc	Unkompliziert zu bedienende Shopadministration, Support über Forum.	ab € 99,-
33	GS Software Solutions GmbH	GS ShopBuilder	www.gs-shopbuilder.com	Die Version 7 des GS ShopBuilder wartet mit einigen neuen Features, insbesondere im Bereich der Marketing- und Statistikfunktionen auf. Die Anforderungen der Onlineshop Betreiber wurden berücksichtigt. So können die Online Shop Kunden jetzt Wunsch- und Merkzettel anlegen, die ihnen den Kauf beim nächsten Shopbesuch erleichtern. Auch Funktionen wie „Mein Konto" und „Billiger gesehen" sind nützliche Service Funktionen im Online Shop, leider erst ab der Version GS ShopBuilder 7 Pro Plus.	€ 79,- für die Version GS ShopBuilder 7 Basic, € 559,- für den GS ShopBuilder ProPlus
34	Hamann-Media	Shopware	www.hamann-media.de	Die Basisversion der OnlineShop Software kann durch zahlreiche weitere, kostenpflichtige Module erweitert werden.	€ 795,- für die Shopware Basis Version, € 3995,- für die Proseller Version
35	Heinemann Datentechnik GmbH	simplyshop24	www.simplyshop24.com	Sehr übersichtliches Online Shop System mit integriertem CMS	ab €499,- für die Basis Lizenz oder Shop zur Miete ab €49,- mtl.
36	H.H.G. Group Ltd.	H.H.G. multistore	www.hhg-multistore.com	Multishoplösung auf xt:Commerce Basis zur zentralen Verwaltung mehrer Online Shops.	kostenlos
37	hybris GmbH	hybris e-business plattform	www.hybris.de	Software-Lösungen für das Management von Produktinformationen und Katalogdaten sowie für die nachgelagerten Anwendungen E-Commerce, E-Procurement und Database Publishing.	
38	IBM Deutschland GmbH	IBM WebSphere Commerce	www.ibm.com		

38	IBM Deutschland GmbH	IBM WebSphere Commerce	www.ibm.com		
39	IBO Internet Software OHG	ShopPilot Enterpreise 2.2	www.shoppilot.de	Ein Schwerpunkt der ShopPilot Enterprise sind die besonderen B2B Möglichkeiten für Grosshandel oder Hersteller. Es gibt ausgefeilte Rabattberechnungen und kundenindividuelle Preise, ausgehandelte Preislisten können ebenso abgebildet werden.	ab € 379,-
40	IconParc GmbH	eShop	www.iconparc.de		
41	interSales AG Internet Commerce	interSales Shop	www.intersales.de	Einfachste Datenpflege online per Browser, lokaler Datenbank oder aus der Warenwirtschaft.	
42	Intershop Communications AG	Enfinity Suite 6	www.intershop.de		
43	Irmler IT-Solutions	Trade-System	www.trade-system.at		ab € 9,90 mtl. zzgl. Einrichtung € 10,00
44	iSYS Software GmbH	iSYS WebStage Suite 2.0	www.isys-webstage.de	Die high end E-Commerce-Lösung bietet Erweiterungen für Online-Marketing, Mehrkanalvertrieb sowie vertiefte Funktionen zur Verbesserung des Online-Kunden-Dialogs.	
45	LivingLogic AG	LivingShop	www.livinglogic.de	Die Online-Shopsoftware LivingShop ist - laut Hersteller - Google-optimiert.	
46	logic-base GmbH	4sellers	www.4sellers.de	eCommerce Lösung für eBay™ Powerseller mit Schnittstelle für die Warenwirtschaft Sage Office Line®.	
47	Marketing Factory Consulting GmbH	MFC_commercce 4.0	www.marketing-factory.de	MFC_commerce 4.0 ist eine individualisierte Shop- und Portallösung mit standardisierten Modulen.	
48	MicroShop	MicroShopPro	www.microshop.de		ab € 23,08 mtl. zzgl. Einrichtung €115,88
49	mindflower GmbH	vioneShop	www.vione.de	modularen Aufbau und flexible Mehrsprachigkeit.	ab € 49,- mtl. zzgl. Einrichtung € 90,- oder Kauf € 882,-
50	MK Internet-Service GmbH	ShopXS-Version 4.00	www.shopxs.de	Durch die einfache Bedienbarkeit der Shop-Software und Unterstützung durch die verschiedenen Generatoren sowie Eingabehilfen ist ShopXS die ideale Lösung für Einsteiger ins E-Commerce. Des weiteren bietet ShopXS auch sehr flexible Anpassungsmöglichkeiten und ist damit das ideale Werkzeug für Webdesigner, die Online-Shops nach Kundenwünschen erstellen und gestalten.	€ 249,-

51	GrelleMedia-shopsoftware.cc	Mondo Shop 3	www.mondo-media.de	Online-Shop Software für das eBusiness.	Kostenlose Freeware Version bis 25 Artikel, eBusiness Komplettsystem unbegrenzte Artikelanzahl € 499,-
52	Omeco GmbH	omeco webshop 3.2	www.omeco.de	Der omeco webshop ist mit seinem Funktionsumfang für den Bereich Business-to-Consumer B2C und für Business-to-Business B2B geeignet. Die Shop Software ist für Suchmaschinen wie Google optimiert und unterstützt gängige Preisportale.	ab € 699,-
53	Oracle Deutschland	E-Business Suite	www.oracle.com		
54	orbiz Software GmbH	orbiz digiTrade B2B - B2C	www.orbiz.com	Online-Shop Verkaufsplattformen für den Endkunden- (B2C) und den Geschäftskundenvertrieb (B2B)	
55	Oscommerce	Oscommerce	www.oscommerce.de	osCommerce ist eine Open Source E-Commerce Lösung, basierend auf MySQL und PHP. Die osCommerce Community trägt mit zahlreichen Erweiterungen zur Entwicklung des Projektes bei.	Freeware
56	OXID esales GmbH	OXID eShop PE 3	www.oxid-esales.com	OXID eShop Professional Edition verwaltet bis zu 6.000 Artikel.	ab € 799,-
57	Winger & Zanier, xt:Commerce GbR	xt:Commerce v3.04	www.xtcommerce.de	Online Shop Ableger der OpenSource Software OS-Commerce.	Download inkl. 12 Monate Support € 98,-
58	plentySystems GmbH	plentyMarkets	www.plentysystems.de	Skalierbare eCommerce Komplettlösung mit Kaufabwicklung für eBay PowerSeller.	ab € 9,99 mtl. zzgl. Einrichtung € 99,-
59	Randgruppe	Randshop 1.3.1	www.randshop.com	Flexible, leistungsfähige E-Commerce Lösung für mittelständische	Die Shop-Software ist kostlos in der Basisversion
60	REKLAM Werbung	xoomSHOP 2007	www.xoomshp.de	XoomSHOP 2007 mit Paypal-Integration, neuer Editor für Artikelbeschreibungen und Content-Seiten, Mindestbestellwerte je nach Kundengruppe, Die XoomSHOP eCommerce-Premiumsoftware ist für B-to-B und B-to-C geeignet.	€ 119,-
61	RU-Software	RU ASP Web Shop	www.ru-software.de	Lexware Faktura & Auftrag Schnittstelle.	ab € 149,-
62	RZ INTERNET CONSULTING e.K.	POWERGAP	www.powergap.de		ab € 49,- mtl.

63	Sage Software GmbH & Co. KG	GS-Shop	www.sage.de	Bei GS-SHOP handelt es sich um eine Client-Server-Lösung, die auf einer SQL-Datenbank aufsetzt. Durch eine bidirektionale Anbindung an die Warenwirtschaftssysteme GS-AUFTRAG und PC-Kaufmann (ebenfalls von SAGE) werden neue Bestellungen auf Knopfdruck ausgeführt und die Artikelinformationen im Online-Shop aktualisiert.	Vollversion € 499,-
64	sandoba.de medien agentur	CP: Shop Version 2010.2	www.sandoba.de	Shoplösung mit den üblichen Funktionen	ab € 199,95
65	SAP AG	SAP Internet Sales als Modul von mySAP CRM	www.sap.de		
66	Satzmedia Software	alixa	www.alixa.com	E-Business Standardsoftware für flexible Online Shop und CMS	Preis auf Anfrage
67	ShopSystems	ShopSystems V4.0	www.shop-systems.biz	Online Shop mit B2B Funktionen, kostenlos testen	Online Shop zur Miete ab € 49,99 mtl. plus einmalig € 99,-
68	STAPIS GmbH	MyWareHouse	www.my-warehouse.de	Online Shop Systeme als Mietshop, verschiedene Varianten, praktisch unbegrenzte Artikelanzahl, B2B Betrieb, mit besonderem Fokus auf Suchmaschinenoptimierung (SEO), inkl. Support und regelmäßigen Updates.	Online Shop zur Miete ab € 14,88 mtl.
69	Folker Silge - art-X Webagentur	easy2handle	www.easy2handleshop.de	Mit den üblichen Funktionen ausgestattet.	€ 179,-
70	SmartStore AG	SmartStore.biz 5	www.smartstor.de	Im Lieferumfang sind neben einem integrierten HTML-Editor zahlreiche, professionell gestaltete und anpassbare Designvorlagen. Weitere Designvorlagen stehen zum Download kostenlos zur Verfügung.	Startup Version SmartStore.biz 5 ab € 199,-
71	SoftMiracles	SoftMiracles Shopsystem	www.softmiracles.com	Onlineshop Software für den schnellen Einstieg in den Online Handel	ab € 299,-
72	store systems GmbH	B2C Shop	www.store-systems.de	Suchmaschinenoptimierte Online Shop Lösung, schnell installiert und einfach zu handhaben.	ab € 134,10
73	STRATO Medien AG	Strato Business-Shop 3.0	www.strato.de	100,- Euro Google Adwords inklusive.	ab € 9,90 mtl. zzgl. Einrichtung € 19,90
74	thinkfactory	Ultimate eshop	www.ultimate-eshop.de	Kleiner Shop zu günstigen Konditionen, leider keine Testversion erhältlich.	€ 39,-
75	think software GmbH	iShop 3.5	www.ishop.ch	OnlineShop-Software zur Erstellung, Pflege und Auswertung eines Onlineshops für Kleinst-Shops bis zum komplexen B2B-Online Handel.	Lizenz ab CHF 380,- + Hosting ab CHF 39,- mtl.

75	Truition GmbH	Truition Commerce Management System	www.truition.de	E-Commerce On-Demand mit maßgeschneiderter Software für das zentrale Management verschiedener Online-Vertriebskanäle	transaktionsabhängig
77	Vanen Inc.	Magento	www.magentocommerce.com	Noch recht neu auf dem Markt ist die Open Source E-Commerce Lösung aus dem Hause Vanen. Das erste offizielle Magento Release 1.0 wurde am 31.03.2008 veröffentlicht. Diese extrem flexible E-Commerce Lösung ist modular aufgebaut, basiert auf modernster Technologie und bietet viele Funktionen.	Open Source - kostenlos
78	WEBSALE AG	WEBSALE Shopsystem	www.websale-ag.de	Suchmaschinenoptimiert und barrierefrei	ab € 69,- monatlich zzgl. Einrichtung ab € 299,-
79	Wilken GmbH	Openshop Stores	www.openshop.de		
80	xanario Limited	x:Shopping	www.xanario.de	Auch als redaktionelles Content-Management-System einsetzbar, unbegrenzte Anzahl Warengruppen, Untergruppen, Artikel, Varianten ... Preis inklusive Installation und Einweisung	€ 690,-
81	Xavannah datprocessed engineering	xdeCommerce	www.xavannah.de	eShop mit komplettem Betrieb (Software, Serverhosting, Updates)	€ 260,- monatlich zzgl. Einrichtung € 180,-
82	Xonsoft.de	Powershop Profi 2006	www.xonsoft.de	Unbegrenzte Artikelanzahl, regelmäßige Updates, keine Folgekosten	€ 129,-
83	Zen Cart™	Zen Cart™	www.zen-cart.at		Freeware
84	Xsite GmbH	E-Business-Suite	www.xsite.de	Modulare und skalierbare On-Demand E-Commerce Lösung	ab € 990,- Einrichtung + Gebühr je Transaktion
85	ZAUNZ Publishing GmbH	cosmoshop	www.cosmoshop.de	Zusätzliche Module, wie z.B. Gutscheinverwaltung kosten extra.	ab € 49,- mtl. zzgl. Einrichtung € 99,-

Tabelle 4: Marktübersicht über Anbieter von Online-Shops[16]

---

[16]Quelle: http://www.esales4u.de/eshop/onlineshop.php, Abruf am 18.09.2010, 19:15 Uhr.

Literaturverzeichnis

Angeli, Susanne;
Kundler, Wolfgang: Der Online Shop - Handbuch für Existenzgründer. Markt und Technik-
                          Verlag, München 2006.

Kannengiesser, Caroline
Kannengiesser, Matthias: PHP5 und MySQL5 - Master Edition. Franzis-Verlag, Poing 2007.

Olbrich, Rainer: Marketing - Eine Einführung in die marktorientierte Unternehmensfüh-
                          rung, 2. Auflage. Springer-Verlag, Berlin/Heidelberg 2006.

Sonstige Quellen:

o.V.:   ACTA - Allensbacher Computer- und Technikanalyse, Institut für Demos-
                          kopie Allensbach, Allensbach 2009.

o.V.:   GfK-WebScope-Panel zum Kaufverhalten der Deutschen im Internet,
                          Gesellschaft für Konsumforschung. Nürnberg, 2006.

o.V.:   http://www.esales4u.de/eshop/onlineshop.php, Abruf am 18.09.2010,
                          19:15 Uhr.

o.V.:   http://www.shopxs.de/index.htm, Abruf am 18.09.10, 16:10 Uhr.